BEI GRIN MACHT SICH IHR WISSEN BEZAHLT

- Wir veröffentlichen Ihre Hausarbeit, Bachelor- und Masterarbeit

- Ihr eigenes eBook und Buch - weltweit in allen wichtigen Shops

- Verdienen Sie an jedem Verkauf

Jetzt bei www.GRIN.com hochladen und kostenlos publizieren

Sportmarketing. SWOT-Analyse, Merchandising, Licensing, Digitalisierung

Antonia Haupt

GRIN

Bibliografische Information der Deutschen Nationalbibliothek:

Die Deutsche Nationalbibliothek verzeichnet diese Publikation in der Deutschen Nationalbibliografie; detaillierte bibliografische Daten sind im Internet über http://dnb.d-nb.de abrufbar.

ISBN: 9783346740526
Dieses Buch ist auch als E-Book erhältlich.

Druck und Bindung: Books on Demand GmbH, Norderstedt Germany
Gedruckt auf säurefreiem Papier aus verantwortungsvollen Quellen

Das vorliegende Werk wurde sorgfältig erarbeitet. Dennoch übernehmen Autoren und Verlag für die Richtigkeit von Angaben, Hinweisen, Links und Ratschlägen sowie eventuelle Druckfehler keine Haftung.

Das Buch bei GRIN: https://www.grin.com/document/1282484

Deutsche Hochschule für
Prävention und Gesundheitsmanagement

Einsendeaufgabe

Fachmodul: Sportmarketing

Studiengang: Bachelor of Arts Sportökonomie

Datum
Präsenzphase: ████████████████

Name, Vorname: Haupt, Antonia

Studienort: ████████████

Semester: ███████████████████

Inhaltsverzeichnis

1   Teilaufgabe 1 – SWOT-Analyse

Im Folgenden wird eine SWOT-Analyse für die TSG 1899 Hoffenheim durchgeführt. Zuerst erfolgt die Ressourcenanalyse anhand der unternehmensinternen Stärken und Schwächen, anschließend die Analyse der Unternehmensumwelt mithilfe der unternehmensexternen Chancen und Risiken und zuletzt die Erstellung der SWOT-Matrix. Der TSG 1899 Hoffenheim, gegründet 1899, ist ein Fußballbundesligaverein mit 11.000 Mitgliedern. Neben dem Fußball werden im Verein auch Turnen und Leichtathletik angeboten (TSG 1899 Hoffenheim Fußball-Spielbetriebs GmbH, o. J.).

1.1 Stärken-Schwächen-Analyse

Tab. 1: Stärken-Schwächen-Analyse der TSG 1899 Hoffenheim (eigene Darstellung)

Stärken	Schwächen
Jugendarbeit	Finanzielle Abhängigkeit von Dietmar Hopp
Sportlicher Erfolg	Vereinsimage
Öffentliches Interesse	Bekanntheitsgrad des Vereins

1.1.1   Stärken

Einen großen Beitrag zum Erfolg des Vereins ist das Konzept der Jugendarbeit im Rahmen der TSG-Akademie. Die TSG-Akademie ist als zertifiziertes Leistungszentrum anerkannt und besteht aus drei Zentren, denen drei unterschiedliche Altersklassen zugeordnet sind: das Grundlagenzentrum, in dem Sportler vom Kinderperspektivteam bis zur U13 trainieren, die Akademie-Arena für die U14, U15 und U16 sowie das Leistungszentrum für die U17 und U19. Im Vordergrund der Akademie bzw. des Jugendfördervereins steht neben dem Hochleistungssport auch die schulische Laufbahn und die persönliche Entwicklung der Jugendspieler. So soll neben dem Erfolg im Leistungssport ein guter Bildungsabschluss ermöglicht werden, um den Sportlern Perspektiven auch neben dem Sport zu geben (TSG 1899 Hoffenheim Fußball-Spielbetriebs GmbH, o. J.). Eine umfassende Datenanalyse zeigt den Werdegang aller Spieler, die bei der TSG Hoffenheim im Leistungsbereich ab der U17 ausgebildet wurden, und beweist die herausragenden Erfolge, die durch die TSG-Akademie möglich wurden. Bisher schafften 64 von 332 Akademie-

Spielern später den Schritt in den Profi-Bereich. Von den 64 Spielern haben sieben ein Profi-Debüt durchlaufen (TSG 1899 Hoffenheim Fußball-Spielbetriebs GmbH, 2018). Die Jugendarbeit wurde aufgrund ihrer Vielseitigkeit und dem damit verbundenen Erfolg in der bundesweiten Zertifizierung der Fußball-Leistungszentren durch die DFL und den DFB mit der höchsten Bewertung ausgezeichnet (TSG 1899 Hoffenheim Fußball-Spiel-betriebs GmbH, 2015).

Eine weitere Stärke ist der sportliche Erfolg des Vereins. Mit dem Einstieg von Dietmar Hopp 1989 als finanzieller Unterstützer startete der Verein seinen kontinuierlichen sport-lichen Erfolg. Zuerst der direkte Aufstieg bis in die Bezirksliga, dann in die Landesliga vier Jahre später, im Jahr 2000 weiter in die Oberliga. Die TSG Hoffenheim spielt seit 2008 in der Fußball-Bundesliga und belegt in der Saison 2016/17 den vierten Platz (Better Collective GmbH, o. J.). Das Team der TSG qualifiziert sich für die Champions League-Qualifikation und ist damit erstmals international vertreten. Dort kann die Mannschaft nicht überzeugen, liefert dafür aber anschließend in der Saison 2017/18 in der Bundesliga starke Leistungen. Sie erreichen Rang drei und sind damit direkt für die Champions Lea-gue qualifiziert. September 2018 folgt ihr erste Champions League-Spiel. Der Verein stieg jedoch ohne Sieg aus. In der Saison 2019/20 schafft das Team erneut die Qualifika-tion für die Champions League durch Erreichen des sechsten Ranges der Bundesliga (Headline24 GmbH & Co. KG., 2020). Aktuell steht die TSG 1899 Hoffenheim auf Platz 11 der Fußball-Bundesliga (Transfermarkt GmbH & Co. KG, 2021).

Mit dem starken sportlichen Erfolg stieg auch das öffentliche Interesse am Verein, was als große Stärke zu bewerten ist. Einen Beitrag zum steigenden öffentlichen Interesse trägt auch die moderne Infrastruktur bei, wie beispielsweise die Trainingszentren und das neu erbaute Fußballstadion (TSG 1899 Hoffenheim Fußball-Spielbetriebs GmbH, 2014). Seit 2009 spielt der Verein seine Heimspiele im 60 Millionen teuren Stadion mit 30.000 Zuschauerplätzen (Westdeutscher Rundfunk Köln, 2009).

1.1.2 Schwächen

Die Stärken ziehen jedoch auch einige Schwächen mit sich. So ist der sportliche Erfolg des Vereins zum größten Teil durch die hohe finanzielle Unterstützung des Investors Dietmar Hopp möglich gewesen. Der TSG 1899 Hoffenheim ist nicht nur finanziell, son-dern auch von Hopps sportlichen und wirtschaftlichen Einstellungen und Entscheidungen abhängig. Ihm gehören nämlich 96% der Stimmrechte an der Hoffenheimer Fußball-Spielbetriebsgesellschaft (DER SPIEGEL GmbH & Co. KG., 2015).

Eine weitere Schwäche ist das Image des Vereins. 2008 war der Verein erstmals in der Bundesliga vertreten. Der erfolgreiche Aufstieg von der Bezirksliga bis in die Bundesliga war hauptsächlich durch den Investor Dietmar Hopp möglich. Die TSG Hoffenheim erreichte in einer Umfrage zur Bewertung der Sympathie der Bundesligavereine Platz 14 (Woisetschläger, Backhaus, Hagebölling & O'Neill, 2019, S. 10-11). Dieses schlechte Image zeigt sich auch in Protesten bei Bundesligaspielen von Fans anderer Vereine gegen Dietmar Hopp direkt (Südwestrundfunk, 2020). So stehen nicht nur einzelne Personen gegen ihn, sondern gesamten Fangruppen. Dies zieht Auswirkungen auf die gesamte TSG Hoffenheim mit sich. Der Verein wird unter anderem als „Plastikklub" bezeichnet (Eder, 2013).

Eine weitere Schwäche liegt im Bekanntheitsgrad des TSG Hoffenheim. Die Markenwahrnehmung ist im Vergleich zu anderen Vereinen sowohl auf internationaler als auch auf nationaler Ebene sehr gering. In einer Umfrage zur Vereinsbekanntheit erreichte die TSG 1899 Hoffenheim den 17. Platz, wobei 86,38 % der Befragten den Verein kennen (Woisetschläger et al., 2019, S. 9). Im regionalen Vergleich dazu steht der VfB Stuttgart auf Platz 9 mit 93,62 %, im nationalen Vergleich der 1. FC Köln sogar auf Platz 1 mit 100% Bekanntheit. Verbunden damit ist auch eine kleine Vereinsmitgliederzahl von 11.000 Mitgliedern, wodurch sich weniger Fangemeinschaften bilden. Folgen können unter anderem zu weniger Einnahmen durch TV-Gelder, Ticket-Einnahmen und Merchandising Artikeln führen.

1.2 Chancen-Risiken-Analyse

Tab. 2: Chancen-Risiken-Analyse der TSG 1899 Hoffenheim (eigene Darstellung)

Chancen	Risiken
Teilnahme an internationalen Wettbewerben	Abwerben von Spielern durch andere Vereine
Steigende Wahrnehmung und Attraktivität des Vereins	Verlust von Mitgliedern, Fans und Sponsoren
Sponsoren auf internationaler Ebene	Verlust von Investor Dietmar Hopp

1.2.1 Chancen

Die TSG Hoffenheim hat die Chance zur Teilnahme an internationalen Wettbewerben wie beispielsweise der Europe Champions League. Dabei können durch TV-Einnahmen und andere Gelder hohe Erträge generiert werden. Auf internationaler Ebene kann so das Image des Vereins verbessert, die Vereinsbekanntheit und auch die Mitgliederzahl gesteigert werden. Die TSG 1899 Hoffenheim hat nach dem RB Leipzig die niedrigsten Mitgliederzahlen der ersten Bundesliga (Transfermarkt GmbH & Co. KG, 2021).

Damit verbunden ist die Chance auf mehr Wahrnehmung und Attraktivität der TSG Hoffenheim durch die steigende Kommerzialisierung und Professionalität des Vereins. Trotz der Auswirkungen der Corona-Pandemie hat die TSG Hoffenheim im vergangenen Geschäftsjahr einen Umsatz von 229 Millionen Euro erreicht. Das sind 39 Prozent mehr als im Vorjahr. Große Einnahmen kamen vor allem durch TV-Einnahmen in Höhe von 73 Millionen Euro (Südwestrundfunk, 2020). Da 76 Prozent der deutschen Fußballfans Fußballspiele lieber live im TV gucken und der Verein dort präsent ist, besteht die Chance auf einen zunehmenden Bekanntheitsgrad (HD PLUS GmbH, 2017).

Eine weitere Chance der TSG 1899 Hoffenheim liegt im Bereich des Sponsorings. So können mit steigendem sportlichem Erfolg des Vereins mehr Interessenten als Sponsoren gewonnen werden. Potenzial liegt hier nicht nur bei Unternehmen auf nationaler, sondern auch auf internationaler Ebene. Nimmt der Verein an mehr internationalen Wettbewerben teil, steigt auch das Interesse von internationalen Sponsoren.

1.2.2 Risiken

Ein großes Risiko besteht im Abwerben der Spieler durch Ligakonkurrenten mit mehr finanzieller Macht (Olympia-Verlag GmbH, 2020) und somit der Verlust von Spitzensportlern aus dem Kader des Vereins. Aber der Verein betreibt auch aktiv ein Verkaufen seiner Profisportler. Finanziell macht der Verein damit kurzfristig zwar Gewinn, langfristig hat es jedoch einen negativen Einfluss auf den sportlichen Erfolg des Teams. Denn nur mit Profisportlern kann der Verein auf nationaler und internationaler Ebene Erfolge generieren. Zudem kann der Abgang von eigenen Spielern auch negative Folgen für das Image und die Fans haben, die sich über den Sportler an den Verein verbunden fühlen.

Ein weiteres Risiko besteht im Verlust von Mitgliedern und Fans, aber auch von Sponsoren. So besteht besonders durch den VfB Stuttgart regional die größte Konkurrenz. Aktuell (Saison 2020/2021) liegt der VfB Stuttgart in der Bundesliga einen Platz vor dem Hoffenheimer Verein (Transfermarkt GmbH & Co. KG, 2021). Zudem hat er eine höhere Mitgliederzahl von 71.500 (VfB Stuttgart 1893 e.V., 2020). Es besteht die Gefahr, dass der VfB Stuttgart potenzielle Fans und Sponsoren der TSG Hoffenheim für sich gewinnt.

Das dritte Risiko besteht in der Abhängigkeit vom Investor Dietmar Hopp. Es wird vermutet, dass die Anteile des Investors irgendwann an seinen Sohn übergehen. Wie Daniel Hopp die TSG Hoffenheim dann unterstützen wird, bleibt abzuwarten. Der junge Unternehmer hat eine große Leidenschaft für Eishockey (Teevs, 2014). So besteht das Risiko, dass dieser seine finanzielle Förderung lieber in den Eishockeysport fließen lässt, als in den Fußball und der TSG Hoffenheim dadurch finanzielle Mittel fehlen werden, die zuvor zur Verfügung standen.

1.3 Strategiekombinationen auf Basis einer SWOT-Matrix

Tab. 3: SWOT-Matrix für die TSG 1899 Hoffenheim (eigene Darstellung)

	Chancen	Risiken
Stärken	S-O-Strategien: 1. Durch sportlichen Erfolg neue Sponsoren gewinnen 2. Ausbau der Jugendarbeit, um an internationalen Wettbewerben teilzunehmen	S-T-Strategien: 1. Öffentliches Interesse nutzen, um Mitglieder und Fans an Verein zu binden 2. Spieler aus der Jugendarbeit nutzen, um das Abwerben wichtiger Profispieler zu verhindern
Schwächen	W-O-Strategien: 1. Imageverbesserung, um Sponsoren, Mitglieder und Fans für sich zu gewinnen 2. Vereinsbekanntheit steigern, um höhere Transfersummen zu generieren	W-T-Strategien: 1. Neue Investoren akquirieren 2. Imageverbesserung durch neues Personal

1.3.1   S-O-Strategie:

Die TSG Hoffenheim kann ihren sportlichen Erfolg nutzen, um neue Sponsoren für sich zu gewinnen. Durch das Spielen in der Bundesliga besitzt der Verein eine starke Präsenz in den Medien. Diese kann er nutzen, um durch Marketing, in Promotion und über Social-Media neue Sponsoren anzulocken und für sich zu gewinnen.

Außerdem sollte die TSG Hoffenheim ihre Jugendarbeit noch weiter ausbauen. Dadurch können weitere junge Sportler trainiert werden. Der Verein macht sich damit zum Vorteil, dass mehr Sportler zur Verfügung stehen, die das Potenzial haben, es bis zur Profiliga zu schaffen. Verläuft die Karriere der Sportler vom Nachwuchs bis zum Kader können dann zusätzliche Spieler mit mehr Potenzial in die Profi-Mannschaft übernommen werden. Mit mehr Sportlern, die fußballerische Qualitäten haben, kann in Zukunft erfolgreicher gespielt und regelmäßiger an internationalen Wettbewerben teilgenommen werden. Hinzu kommt, dass die Ablösesummen für Spieler durch Teilnahme an internationalen Wettkämpfen stark ansteigen. So können auch internationale Vereine auf die Spieler aufmerksam werden und als Abwerber in Frage kommen. Die TSG kann dadurch höhere Transfereinnahmen generieren und ins internationale Geschäft einsteigen.

1.3.2   S-T-Strategie:

Um dem bestehenden Risiko, Mitglieder und Fans an Konkurrenten zu verlieren, entgegen zu wirken, muss die TSG sich als Ziel setzten, die Mitglieder und Fans stärker an sich zu binden. Der größte Teil der Mitglieder und Fans kommt aus der regionalen Umgebung. Deshalb muss auch der Schwerpunkt regional gesetzt werden. Die Fans und Mitglieder können hier beispielsweise durch Veranstaltungen (bei Stadtfesten), Werbung, öffentliche Trainings und Fan-Treffen am Vereinsleben teilhaben, dem „Lieblingsspieler" begegnen und dadurch langfristig an den Verein gebunden und neue gewonnen werden. Dies ermöglicht dann eine Abgrenzung der TSG Hoffenheim von den Konkurrenten, wie regional dem VfB Stuttgart.

Das Abwerben von Profispielern durch andere Vereine ist im Fußball keine Seltenheit. Elementarer Aspekt dabei liegt auf den hohen Summen, die für die Sportler das Gehalt bilden und von denen sie angezogen werden. Durch die erfolgreiche Jugendarbeit stehen der TSG zahlreiche gute Fußballer zur Verfügung. Es ist sinnvoll, bereits erfolgreiche Jugendliche zur Abwerbung für andere Vereine heranzuziehen. Dadurch können hohe

Summen generiert werden. Es stehen mehr finanzielle Mittel zur Verfügung, um wichtigen Profispielern neue Verträge anzubieten und diese im Verein zu halten. Daraus resultiert die Möglichkeit auf mehr Erfolg und Ansehen des Vereins.

1.3.3 W-O-Strategie

Das schlechte Image der TSG Hoffenheim und auch der geringe Bekanntheitsgrad ziehen negative Folgen mit sich. Deshalb ist es wichtig diese beiden Schwächen zu verringern und somit die Attraktivität und den Bekanntheitsgrad zu verbessern. Dies erhöht die Chance auf steigende Wahrnehmung, Bekanntheit und Mitgliederzahlen sowie steigendes Ansehen anderer Fußballvereine. Der Verein kann höhere Transfersummen erreichen, da die anderen Fußballvereine mehr Interesse daran haben die Spieler zu kaufen und somit eine höhere Nachfrage besteht.

1.3.4 W-T-Strategie:

Die TSG 1899 Hoffenheim muss sich als Ziel setzten, neue Investoren zu akquirieren. Dietmar Hopp als alleiniger Investor zwingt den Verein nicht nur abhängig zu sein, sondern bringt auch ein Risiko negativer Auswirkungen mit sich. Beim Ableben des Großinvestor stellt sich die Frage, an wen dessen Anteile übergehen. Der Sohn von Hopp konzentriert sich größtenteils auf eine andere Sportart. Gehen die Anteile an ihn über, so würden die finanziellen Förderungen für die TSG 1899 Hoffenheim wahrscheinliche gering ausfallen. Deshalb sollten möglichst schnell neuen Investoren gefunden werden.

Das Personal hat bedeutenden Einfluss auf das Image des Vereins. Um weitere Erfolge der TSG 1899 Hoffenheim zu erreichen und somit einen positiven Eindruck bei den Fans zu schaffen, ist die Auswahl des Personals ein wichtiger Faktor. In der Vergangenheit hat besonders der Trainer Julian Nagelsmann zum sportlichen Erfolg des Teams beigetragen. Er ging jedoch 2019 zum RB Leipzig (Headline24 GmbH & Co. KG., 2020). Anschließend rückte der Verein immer wieder wegen Niederlagen in den Fokus der Öffentlichkeit. Dies hat auch negative Auswirkungen auf die Attraktivität des Vereins. Aktuell ist Sebastian Hoeneß der Bundesliga-Trainer der TSG. Die aktuelle Saison läuft aber nicht zufriedenstellend, sodass die Mannschaft es wahrscheinlich nicht ins internationale Geschäft schafft (Sportbuzzer GmbH, 2021).

2 Teilaufgabe 2 – Merchandising und Licensing

2.1 Wer

Das komplette Merchandising wird in Eigenregie durch den Verein und somit ohne die Zusammenarbeit mit Dritten durchgeführt. Das Fanartikelsortiments wird vom Verein selbst zusammengestellt und kann dadurch zielführend und authentisch bezogen auf die Zielgruppe gewählt werden. Hierfür fallen keine Ausgaben für externe Firmen oder Partner an.

2.2 Was

Das Fanartikelsortiment des Vereins lässt sich in drei verschiedene Arten unterscheiden. Das Kernsortiment umfasst alle Produkte, die zum aktiven Spielbesuch gehören (Nufer & Bühler, 2011, S.250). Diesem sind die Produkte Trikot und Schal zuzuordnen. Das Vereinstrikot soll ein Jubiläumstrikot sein. Das Design ist mit einem „30-Jahre-Volleyball" Schriftzug ausgestattet und enthält das Logo und die Farben des Vereins. Das Trikot hat somit einen besonderen Bezug zum Verein unabhängig von der Saison. Das Produkt ist in Größen für Kinder und Erwachsene erhältlich. Der Schal wird ähnlich wie das Trikot mit einem Schriftzug und in den Farben und dem Logo des Vereins designt. Auch der Schal kann in unterschiedlichen Größen erworben werden.

Das Zusatzsortiment umfasst Artikel für separate Zielgruppen oder besondere Anlässe (Nufer & Bühler, 2011, S.250). Dazu gehören die Produkte Sporttasche und Trinkflasche. Beide Produkte sind an die aktiven aber auch zukünftige Sportler gerichtet und unabhängig von der Saison. Das Design ist mit den Vereinsfarben und dem Vereinslogo gestaltet.

Das Randsortiment umfasst sport- und clubferne Artikel (Nufer & Bühler, 2011, S.250). Eine Handyhülle und ein Kaffeebecher sind Produkte, die im Alltag häufig benutzt werden. Deshalb bieten sich diese beiden Produkte besonders für das Fanartikelsortiment an. Beide Produkte sind in verschiedene Farben erhältlich und das Vereinslogo ist darauf abgebildet. Die Handyhülle gibt es für verschiedene Android und iOS Geräte.

2.3 Wem

Die Zielgruppe sind Volleyballfans, sowohl Kinder als auch Erwachsene. Das Fanartikel-sortiment soll unter anderem aktive und zukünftige Volleyballspieler ansprechen.

2.4 Bedingungen

Die Kosten für das Trikot werden mithilfe der Penetrationspreispolitik bestimmt. Durch einen relativ niedrigen Preis sollen möglichst hohe Absatzmengen erreicht werden (Nufer & Bühler, 2011, S. 254). Das Trikot gehört zu den am häufigsten verkauften Produkten. Der Preis für das Trikot liegt bei 24,99 EUR.

Die Marktpreisstrategie hat das Ziel, den Preis des Produktes im Durchschnitt des Mark-tes zu halten (Nufer & Bühler, 2011, S. 254). Diese Strategie wird für den Schal ange-wendet, da es viele Arten dieses Produktes auf dem Markt gibt. Der Schal soll aufgrund seines einmaligen Designs erworben werden, nicht wegen des Preises. Das Produkt hat einen Preis von 14,90 EUR.

Die Preise für Sporttasche und Trinkflasche werden auch mithilfe der Marktpreisstrategie gebildet. Die Sporttasche kann zum Transport der Sportausrüstung genutzt werden und die Trinkflasche beim Training direkt. Auch bei diesen beiden Produkten gibt es viele Arten auf dem Markt, weshalb man sich mit den Preisen am Marktdurchschnitt orientiert. Der Preis für die Trinkflasche liegt bei 7,99 EUR und für die Sporttasche bei 19,99 EUR.

Die Preise für Handyhülle und den Kaffeebecher werden mit der Penetrationspreispolitik bestimmt. Diese Strategie wird auch zur Erschließung von Massenmärkten verwendet (Nufer & Bühler, 2011, S. 254). Bei der Handyhülle aber auch beim Kaffeebecher handelt es sich um Artikel, die täglich von Personen jeden Alters genutzt werden. Die Zielgruppe ist somit sehr groß. Der Preis beider Produkte liegt jeweils bei 4,99 EUR.

Aufgrund des 30-jährigem Jubiläums erhält jeder Kunde ab einem Einkaufswert von 25,00 EUR einen Rabatt von 25% auf die Gesamtsumme.

2.5 Kanäle

Es wird der Eigenvertrieb als Vertriebsweg gewählt. Dazu zählt der Absatzweg über die stationären Verkaufsstellen wie beispielsweise der Gastronomie und über die nichtstationären Verkaufsstellen wie beispielsweise dem Onlineverkauf über die Vereinswebseite. So können beispielsweise bei Spieltagen Verkaufsstände eingesetzt werden. Dadurch wird die Zielgruppe direkt bei Veranstaltungen auf die Fanartikel aufmerksam gemacht.

2.6 Begleitmaßnahmen

Jedes Vereinsmitglied bekommt monatlich kostenfrei eine Vereinszeitschrift zugeschickt. In dieser Zeitschrift wird Werbung für die Fanartikel betrieben. So können Mitglieder auf das Sortiment aufmerksam werden. Um auch nicht Mitglieder zu erreichen, ist die Werbung des Sortiments über die Sozialen Medien notwendig. Mithilfe von Fotos und Links können die Fans direkt zum Online-Verkauf weitergeleitet werden. Gleichzeitig entsteht so eine Werbemaßnahme.

2.7 Zeitraum

Aufgrund einer zeitlichen Begrenzung kann das Kaufbegierde gesteigert werden. Deshalb ist das Fanartikelsortiment nur für ein Jahr verfügbar. Der Verkauf beginnt mit Start in die Jubiläumssaison.

3 Teilaufgabe 3 – Digitalisierung

3.1 Hypothetischer Jugendorientierter Verein

Tab. 4: Hypothetischer Jugendorientierter Verein (eigene Darstellung)

Vereinsangebot	Breiten- und Leistungssport Fußball, Volleyball und Leichtathletik
Mitgliederzahl	7000
Anzahl bezahlter Mitarbeiter	60
Anzahl ehrenamtlicher Mitarbeiter	30

3.2 Zielgruppen und Marketingziele der App

1. Zielgruppe: Fans, Kampfrichter, Familienangehörige und Freunde der Spieler
Marketingziel: Steigerung der Mitgliederzahlen und des Bekanntheitsgrades
2. Zielgruppe: Spieler, Trainer, Vereinsbetreuer
Marketingziel: Mitgliederbindung, Professionalisierung

3.3 Inhalte der App

Tab. 5: Inhalte der App (eigene Darstellung)

Themen	Mehrwert für den Kunden	Mehrwert für den User
Übersichtliche Darstellung von Sportlern, Mannschaften, Kader, Ergebnissen, Tabellen, Berichten, Social Media Feeds, Vereinsnews	Erleichterte Kommunikation und Erreichung von Usern, Attraktivität der App steigt	Schneller und übersichtlicher Abruf aller aktuellen Daten, Fakten und Neuigkeiten
Inhalt nur für Mitglieder: Kalender mit Terminen für Trainings, Spiele, Veranstaltungen und wichtigen Informationen dazu	Steigendes Ansehen, unkomplizierte Verbreitung von aktuellen Informationen durch Betreuer/Trainer, Übersichtliche Terminaufstellung	Spieler: Übersicht über alle Termine, schnelle und unkomplizierte Kenntnis bei Terminabsage/-verschiebung Trainer/Betreuer: übersichtliche Aufstellung der Saison, einfache Weiterleitung an Spieler bei kurzfristigen Änderungen
Kundenregistrierung / Mitgliederverwaltung	Professioneller Auftritt / einfache Mitgliederverwaltung (keine Papierdokumentation; online Systemerfassung)	Einfache Registrierung, Übersicht der Mitgliedschaft

Themen	Mehrwert für den Kunden	Mehrwert für den User
Inhalt nur für Mitglieder: Live-Ticker, In-Match-Videos und Highlights aus aktuellen Wettbewerben, Diskussionen mit Meinungsumfrage zu aktuellen Themen	Vereinsmitgliedschaft wird attraktiver, Mitgliederbindung und Neugewinnung, direkter Austausch mit den Mitgliedern, Information über Meinung der Mitglieder	Stream des Wettbewerbs auch nach der tatsächlichen Ausstrahlung, Meinungsabgabe durch Umfrage und Austausch mit anderen Fans in Diskussionen

3.4 Chancen und Risiken der Vereins-App

3.4.1 Chancen

Durch die Einführung der Vereins-App ergibt sich die Chance auf einen Verbesserten Arbeitsprozess. Informationen über Termine, Tabellen, Ergebnisse, etc. können schneller, einfacher, übersichtlicher und gezielter an die App-Nutzer gebracht werden.

Außerdem ist eine bessere Identifikation und Interaktion der User mit dem Verein möglich. Die App bietet viele Inhalte und ist auch aufgrund ihrer Handhabung sehr attraktiv für die Nutzer. Mitglieder und Fans können sich besser mit dem Verein identifizieren. Die App ermöglicht einen leichteren Kontakt zu Mitgliedern und Fans. Dies führt zu einer besseren Mitgliederbindung sowie zu steigenden Mitgliederzahlen.

3.4.2 Risiken

Ein Risiko besteht vor allem im Kontrollverlust. Kommentare von der Öffentlichkeit zurückzuhalten und zu kontrollieren ist nahezu unmöglich. Dieses Risiko geht bis zur Gefahr eines Shitstorms bei schlechter unprofessioneller Arbeit.

Ein weiteres Risiko besteht im Zusammenhang mit der Datensicherheit. Die Datenschutz-Grundverordnung muss in vollem Umfang berücksichtigt werden. Dafür ist eine gute und aufwendige Verschlüsselung notwendig.

3.5 Möglichkeiten zur Erhöhung des Bekanntheitsgrades und der App-User

1. Die App kann über Online-Werbung über die eigene Website oder die Social-Media-Kanäle mithilfe von Anzeigen verbreitet werden.
2. Die Durchführung einer Veranstaltung, bei der die App mit ihren Funktionen vorgestellt wird, ermöglicht es, diese den Mitgliedern und Anhängern näher zu bringen.
3. Bei Sportveranstaltungen können verstärkt Informationen über die App in Form von Infoständen mit Flyern und Roll-Up-Bannern bereitgestellt und so Mitglieder aber auch Fans auf die App aufmerksam gemacht werden.
4. Eine weitere Möglichkeit ist die Anbringung von Werbebannern im Verein, in Vereinsgebäuden, an Spielorten und an Spielfeldrändern.

4 Teilaufgabe 4 – Sponsoring

4.1 Fiktives Wirtschaftsunternehmen

Bei dem Sponsoring handelt es sich um das „Marketing bei Veranstaltungen". Das fiktive Wirtschaftsunternehmen bietet witterungsfeste Lauf- und Wanderschuhe sowie Kleidung an. Zusätzlich sind auch Sporttaschen und Rucksäcke im Sortiment. Alle Artikel sind qualitativ sehr hochwertig.

Die Zielgruppe sind Läufer und Wanderer. Dabei wird eine Altersgruppe von 18 bis 70 Jahren angesprochen. Die Zielgruppe ist so gewählt, dass sie durchaus bereit ist, für hochwertige Produkte den entsprechenden Preis zu zahlen.

Das fiktive Wirtschaftsunternehmen besitzt vier Geschäfte in der Region des Eventstandorts. Es gibt auch die Möglichkeit, die Produkte über den Online-Handel zu erwerben. Bislang werden die Kommunikationsinstrumente Online-Werbung, Direktmarketing und Social-Media-Marketing genutzt.

4.2 Phasen des Sponsoringprozesses

Ziele des fiktiven Unternehmens auf dem Sportevent sind die Erhöhung des Bekanntheitsgrades der eigenen Marke (kognitive Wirkung) und die direkte Interaktion mit den bestehenden oder potenziellen Kunden. Dadurch soll die Kundenbindung (konative Wirkung) und damit auch die B2B-Kontaktpflege verbessert werden.

Das fiktive Wirtschaftsunternehmen bezieht beim Sportevent seine Zielgruppe auf die Läufer des Events und deren Angehörige, auf die Zuschauer und auf die Bewohner der Region. Die Schnittmenge bilden die Teilnehmer im Erwachsenenalter und Zuschauer die Breiten- und Leistungssportler sein können. Durch die große Schnittmenge und hohe Zielgruppenaffinität lohnt sich das Sponsoring für das Unternehmen.

Das fiktive Wirtschaftsunternehmen muss durch das Sponsoring erreichen, dass die Zielgruppe auf die eigenen Produkte aufmerksam wird. Dafür wird die Wissenstransferstrategie (Bekanntmachungsstrategie) genutzt. Das Ziel bei dieser Strategie ist die Bekanntheit eines Unternehmens und dessen Produkte und Dienstleistungen zu steigern (Hermanns & Marwitz, 2007, 198).

Bei der Veranstaltung werden den Teilnehmern T-Shirts gestellt, die für den Lauf vorgesehen sind. Die Shirts sind mit Firmen- und Eventlogo bedruckt. Dadurch erhält das Unternehmen den Kontakt mit bestehenden oder potenziell neuen Kunden. Die Teilnehmer können sich einen ersten Eindruck von der Produktqualität und der Marke machen. Zusätzlich werden die Produkte des Unternehmens an drei Verkaufsstände vorgestellt. Ein Verkaufsstand am Tag vor dem Laufevent auf der Läufermesse und zwei Verkaufsstände am Tag des Events im Start- und Zielbereich. An allen drei Verkaufsständen werden die Produkte präsentiert und ihr Nutzen gezeigt. Mithilfe von Plakaten und Bannern wird im Start- und Zielbereich Werbung betrieben. Darüber hinaus wird durch die Print- und Online-Medien im Voraus, nach dem Event und im Programmheft mithilfe von Anzeigen geworben. Im Start- und Zielbereich sowie bei den Streckenverpflegungsstellen gibt es zahlreiche Stände mit Getränken, anderen Verpflegungs- und Werbeprodukte wie beispielsweise aufblasbare Klatschstangen. All diese Dinge werden mit Firmenlogo des Unternehmens beschriftet ausgegeben. Zusätzlich zum Firmenlogo ist auch ein QR-Code abgebildet. Beim Scannen des QR-Codes wird man direkt zum Online-Shop weitergeleitet. Auch im Programmheft ist dieser QR-Code zu finden. Die am Abend stattfindende

„Läuferparty" wird nach dem Unternehmen benannt („Fiktives Wirtschaftsunternehmen - Läuferparty"), sodass auch hier eine weitere Werbemöglichkeit umgesetzt wird.

Eine Kontrolle der jeweiligen Maßnahmen ist erforderlich. Hier ist besonders die Effektivitätskontrolle wichtig. Diese befasst sich mit der Wirkung des realisierten Grades der Zielerreichung (Schumann, 2020, S. 254). Zur Ermittlung der kognitiven Wirkung werden Recall-Tests und Befragungen an den Verkaufsständen durchgeführt. Dadurch kann die Bekanntheit des Unternehmens geprüft werden. Zusätzlich werden zur Ermittlung der konativen Wirkung Befragungen in den Geschäften und online durchgeführt. Damit wird überprüft wie die Kunden zum Unternehmen stehen.

5 Literaturverzeichnis

Better Collective GmbH. (o. J.). *Titel und Erfolge der TSG 1899 Hoffenheim*. Zugriff am: 03.03.2021. Verfügbar unter: https://www.fussballportal.de/titel-erfolge/1899-hoffenheim

DER SPIEGEL GmbH & Co. KG. (2015). *Hopp übernimmt die Mehrheit bei 1899 Hoffenheim*. Zugriff am: 16.03.2021. Verfügbar unter: https://www.spiegel.de/sport/fussball/dietmar-hopp-uebernimmt-die-mehrheit-bei-1899-hoffenheim-a-1017616.html

Eder, M. (2013). *Der Fluch des Geldes*. Zugriff am: 04.03.2021. Verfügbar unter: https://www.faz.net/aktuell/sport/fussball/bundesliga/tsg-1899-hoffenheim-der-fluch-des-geldes-12100714.html

HD PLUS GmbH. (2017). *Deutsche schauen Fußball live am liebsten im TV: Hohe Zahlungsbereitschaft für günstige Pay-TV-Angebote*. Zugriff am: 10.03.21. Verfügbar unter: https://www.presseportal.de/pm/81351/3717305

Headline24 GmbH & Co. KG. (2020). *Julian Nagelsmann: Karriere, Privatleben, Erfolge – alle Infos zum Leipzig-Trainer*. Zugriff am: 10.03.21. Verfügbar unter: https://www.heidelberg24.de/sport/tsg-1899-hoffenheim/julian-nagelsmann-karriere-privatleben-frau-rb-leipzig-hoffenheim-landsberg-trainer-anzug-vater-90083452.html

Headline24 GmbH & Co. KG. (2020). *TSG Hoffenheim: Geschichte, Erfolg und wichtige Persönlichkeiten*. Zugriff am: 03.03.2021. Verfügbar unter: https://www.heidelberg24.de/sport/tsg-1899-hoffenheim/tsg-hoffenheim-geschichte-erfolge-dietmar-hopp-hansi-flick-julian-nagelsmann-bundesliga-fussball-13575051.html

Hermanns, A. & Marwitz, C. (2007). *Sponsoring. Grundlagen, Wirkungen, Management, Markenführung* (3., vollständig überarbeitete Aufl.). München: Vahlen.

Nufer, G. & Bühler, A. (Hrsg.). (2011). *Marketing im Sport. Grundlagen, Trends und internationale Perspektiven des modernen Sportmarketing* (2. völlig neu bearbeitete und wesentlich erweiterte Aufl., S.233-264). Berlin: Erich Schmidt.

Olympia-Verlag GmbH. (2020). *Hoffenheim kritisiert FC Bayern: „Diskussionswürdige Talent-Abwerbung"*. Zugriff am: 04.03.2021. Verfügbar unter: https://www.kicker.de/hoffenheim_kritisiert_fc_bayern_diskussionswuerdige_talent_abwerbung_-779327/artikel

Schumann, O. (2020). *Studienbrief Sportmarketing* (rev.24.028.000). Saarbrücken: Deutsche Hochschule für Prävention und Gesundheitsmanagement.

Sportbuzzer GmbH. (2021). *Trainer Sebastian Hoeneß wird deutlich: Hoffenheim-Saison „verkorkst".* Zugriff am: 10.03.2021. Verfügbar unter: https://www.sportbuzzer.de/artikel/trainer-sebastian-hoeness-wird-deutlich-hoffenheim-saison-verkorkst/

Südwestrundfunk. (2020). *Dietmar Hopp: „Borussia Dortmund, das ist Kommerz pur".* Zugriff am: 04.03.2021. Verfügbar unter: https://www.swr.de/sport/fussball/1899-hoffenheim/artikel-tsg-1899-hoffenheim-dietmar-hopp-bvb-100.html

Südwestrundfunk. (2020). *Trotz Corona: TSG Hoffenheim erzielt Gewinn.* Zugriff am: 16.03.2021. Verfügbar unter: https://www.swr.de/sport/fussball/1899-hoffenheim/gewinn-trotz-corona-pandemie-100.html

Teevs, C. (2014). *Hopp on Ice.* Zugriff am: 20.03.2021. Verfügbar unter: https://www.spiegel.de/sport/wintersport/daniel-hopp-sohn-von-dietmar-hopp-ist-der-macher-im-eishockey-a-1006132.html

Transfermarkt GmbH & Co. KG. (2021). *DATEN UND FAKTEN BUNDESLIGA.* Zugriff am: 16.03.2021. Verfügbar unter: https://www.transfermarkt.de/1-bundesliga/daten/wettbewerb/L1/sort/mitglieder.desc

Transfermarkt GmbH & Co. KG. (2021). *TABELLE BUNDESLIGA 20/21.* Zugriff am: 10.03.2021. Verfügbar unter: https://www.transfermarkt.de/1-bundesliga/tabelle/wettbewerb/L1/saison_id/2020

TSG 1899 Hoffenheim Fußball-Spielbetriebs GmbH. (2014). *FRANK BRIEL: „ WIR INVESTIEREN IN DIE ZUKUNNFT".* Zugriff am: 16.03.2021. Verfügbar unter: https://www.tsg-hoffenheim.de/aktuelles/news/2014/11/frank-briel-wir-investieren-in-die-zukunft/

TSG 1899 Hoffenheim Fußball-Spielbetriebs GmbH. (2015). *AKADEMIE ERHÄLT ERNEUT DREI STERNE.* Zugriff am: 16.03.2021. Verfügbar unter: https://www.tsg-hoffenheim.de/aktuelles/news/2015/01/akademie-erhaelt-erneut-drei-sterne/

TSG 1899 Hoffenheim Fußball-Spielbetriebs GmbH. (2018). *AKADEMIE-ERFOLGE: PROFIS MADE BY TSG.* Zugriff am: 03.03.2021. Verfügbar unter: https://www.tsg-hoffenheim.de/aktuelles/news/2018/02/akademie-erfolge-profis-made-by-tsg/

TSG 1899 Hoffenheim Fußball-Spielbetriebs GmbH. (o. J.). *AUF EINEN BLICK.* Zugriff am: 02.03.2021. Verfügbar unter: https://www.tsg-hoffenheim.de/tsg/der-club/daten-und-fakten/

TSG 1899 Hoffenheim Fußball-Spielbetriebs GmbH. (o. J.). *TSG AKADEMIE.* Zugriff am: 02.03.2021. Verfügbar unter: https://www.tsg-hoffenheim.de/teams/tsg-akademie/ueberblick/

VfB Stuttgart 1893 e.V. (2020). *Vereinsportrait.* Zugriff am: 04.03.2021. Verfügbar unter: https://www.vfb.de/de/1893/club/vfb-e-v-/portrait/

Weinhold, O. (2021). *Sportwetten Tipps & Prognosen.* Zugriff am: 04.03.2021. Verfügbar unter: https://sportwetten.bild.de/tipps/union-berlin-hoffenheim-28-02-2021/

Westdeutscher Rundfunk Köln. (2009). *Das Fußballstadion in Sinsheim.* Zugriff am 16.03.2021. Verfügbar unter: https://www.sportschau.de/fussball/bundesliga/vereine/hoffenheim/hoffenheimstadionindex100.html

Woisetschläger, D., Backhaus, C., Hagebölling, M. & O'Neill, V. (2019). *Fußballstudie 2019. Die Markenlandschaft der Fußball-Bundesliga.* Institut für Automobilwirtschaft und Industrielle Produktion. Braunschweig.

6   Tabellenverzeichnis